CUESTIÓN DE DINERO

¿Cuánto vale?

Conocimientos financieros

Precio

Torrey Maloof

Asesoras

Michele Ogden, Ed.D
Directora, Irvine Unified School District

Jennifer Robertson, M.A.Ed.
Maestra, Huntington Beach City School District

Créditos de publicación
Rachelle Cracchiolo, M.S.Ed., *Editora comercial*
Conni Medina, M.A.Ed., *Gerente editorial*
Dona Herweck Rice, *Realizadora de la serie*
Emily R. Smith, M.A.Ed., *Realizadora de la serie*
Diana Kenney, M.A.Ed., NBCT, *Directora de contenido*
Stacy Monsman, M.A., *Editora*
Kevin Panter, *Diseñador gráfico*

Créditos de imágenes: pág. 11 Portra Images/Getty Images; págs. 20–21 Education Images/UIG via Getty Images; pág. 23 Catchlight Visual Services/Alamy Stock Photo; págs. 24-25 NurPhoto.com/Alamy Stock Photo; todas las demás imágenes de iStock y/o Shutterstock.

Teacher Created Materials
5301 Oceanus Drive
Huntington Beach, CA 92649-1030
http://www.tcmpub.com

ISBN 978-1-4258-2890-5
© 2018 Teacher Created Materials, Inc.
Made in China
Nordica.102017.CA21701218

Contenido

Cuestión de dinero

Imagina que estás en tu tienda favorita. Tienes un billete de $10 nuevo y reluciente. También tienes una moneda de 25 centavos, una de 10 centavos, una de 5 y una de 1 centavo. Al mirar el rostro del señor Hamilton en el billete de $10, comienzas a hacerte preguntas. ¿Qué puedo **permitirme**? ¿Debería comprar algo bonito que realmente quiero? ¿O debería comprar algo **práctico** que necesito? Hay mucho que pensar cuando se trata de dinero.

El dinero es una herramienta. Es importante usar esa herramienta adecuadamente. Para ello, debes entender el **valor** del dinero. Debes saber qué significa el dinero para ti. Una vez que comprendas todos los detalles del dinero, podrás usarlo de manera inteligente y tomar buenas decisiones. De ese modo, ¡podrás sacarle el mejor partido a tus billetes!

Billete de $10 estadounidenses

Moneda de 1 centavo

Moneda de 5 centavos

Moneda de 10 centavos

Moneda de 25 centavos

Hay productos destacados en la juguetería:

rompecabezas de 1,000 piezas $3

libro de historietas. $5

kit de ingeniería. $20

paquete de gomas de mascar $1

botella de agua reutilizable $7

mono danzarín solar $2

camiseta de superhéroe $10

1. Si tienes $10 para gastar, ¿para qué productos
    te alcanza? ¿Hay productos para los que no te
    alcanza?

2. ¿De cuántas maneras puedes
    comprar 3 productos diferentes
    sin gastar más de $10?

3. ¿Puedes comprar 3 productos y
    gastar exactamente $10?
    Demuestra tu
    razonamiento.

El valor de las decisiones

¿Tu familia usa toallas de papel? Posiblemente haya un rollo en tu cocina. ¿Sabías que existen diferentes **marcas** de toallas de papel? Algunas son más **caras** que otras. Si una toalla de papel está hecha con papel más grueso posiblemente **cueste** más. Las toallas de papel más delgado suelen costar menos. ¿Cuál deberías comprar? ¿Qué marca tiene el mejor precio? Es probable que las más costosas sean mejores. Entonces el rollo debería durar más. O, tal vez, quieras gastar menos dinero. Pero es posible que esas toallas de papel no sean tan buenas.

Las personas deben tomar decisiones como estas todos los días. El uso inteligente del dinero puede ser un desafío. Pero cuanto más sabes acerca del valor del dinero, tanto más sentido tendrá. Veamos de cerca algunas cuestiones de dinero de la vida real.

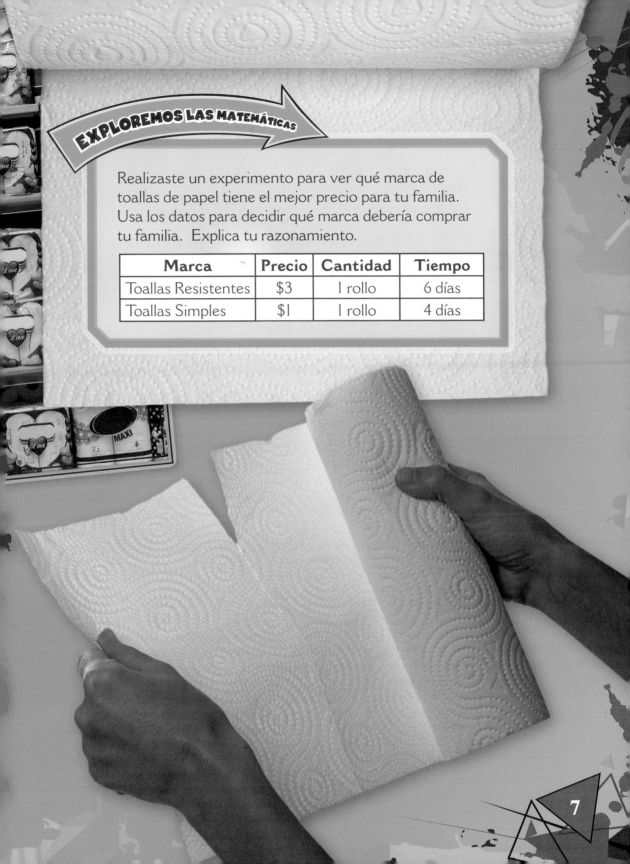

EXPLOREMOS LAS MATEMÁTICAS

Realizaste un experimento para ver qué marca de toallas de papel tiene el mejor precio para tu familia. Usa los datos para decidir qué marca debería comprar tu familia. Explica tu razonamiento.

Marca	Precio	Cantidad	Tiempo
Toallas Resistentes	$3	1 rollo	6 días
Toallas Simples	$1	1 rollo	4 días

Finanzas familiares

Él es Carl. Tiene diez años y le apasiona jugar al baloncesto. Lanzar al aro es su vida. Anhela ser un basquetbolista profesional algún día.

La mamá de Carl trabaja duro. Pasa muchas horas en su trabajo. No gana mucho dinero, pero obtiene lo suficiente para **mantener** a los dos.

Carl juega en un equipo de baloncesto con alumnos de su escuela. Todos tienen las últimas y más fabulosas deportivas para baloncesto: ¡las Air Zone Max! Las deportivas son modernas, resistentes y geniales. Carl desea con toda el alma tener un par, pero sabe que son muy caras. Sabe que nunca podrá comprarlas con su mesada. Entonces decide preguntarle a su mamá si le puede comprar las deportivas.

Una noche después de cenar, Carl le cuenta a su mamá sobre las deportivas de baloncesto. Ella comienza a hacerle una serie de preguntas. "¿Por qué las necesitas? ¿Están bien hechas? ¿Cuánto cuestan?".

Carl le explica que quiere las deportivas simplemente porque todos los demás en su equipo las tienen. Sabe que no harán que juegue mejor, pero piensa que lo harán feliz y que le darán más confianza en la cancha. Le cuenta que están muy bien hechas. Son resistentes y durarán mucho tiempo. No se dañarán ni romperán fácilmente. Luego, respira profundo y le dice cuánto cuestan: ¡$200!

La mamá de Carl sabe cómo se siente su hijo. Por lo tanto, revisa las **finanzas** familiares con él. Saca un bloc de notas. Escribe cuánto gana y cuántas horas trabaja a la semana. Carl y su mamá usan las matemáticas para descubrir cuántas horas debería trabajar para pagar las deportivas.

Luego le explica que hay dinero que le quitan de su paga por **impuestos**. Después de eso, debe pagar por la casa, la comida y otros **gastos**. Carl comprende que llevará mucho tiempo y trabajo conseguir esas deportivas. Carl realmente quiere las deportivas Air Zone Max, pero ahora se da cuenta de que valora más lo duro que trabaja su mamá que las deportivas.

paga por hora: $20

$20 x 10 horas = $200

horas trabajadas para poder comprar las deportivas: 10

otros gastos:

- impuestos
- cuentas
- alquiler
- comida
- servicios

Finanzas familiares

The Bank plc
Customer Service Center

How to use the automated tele-banking service

Enter your 9 digit account number
followed by your security details
Choose the service you require

Devi Sood

Account Number	**40 500 8435**
Statement Number	**86**
Statement Date	**7-Jul**

Statement	date	Description	Out	In	Balance

INSURANCE

FINANCING

Health Be

EXPLOREMOS LAS MATEMÁTICAS

Hay una nueva película sobre extraterrestres que quieres ver. Algunos han dicho que es genial. Otros, que es horrible. Te costará $10 ver la película. Tienes que hacer 5 horas de tareas domésticas para ganar $10. ¿Piensas que ver la película le da un buen valor a tu dinero? ¿Cambiarías de parecer si solo tuvieras que trabajar una hora para ganar $10? Explica tu razonamiento.

TICKET
FROM SPACE
25 SEPTEMBER
16:00
SCREEN 1
ADULT ROW 1
SEAT 25
PRICE **10** $

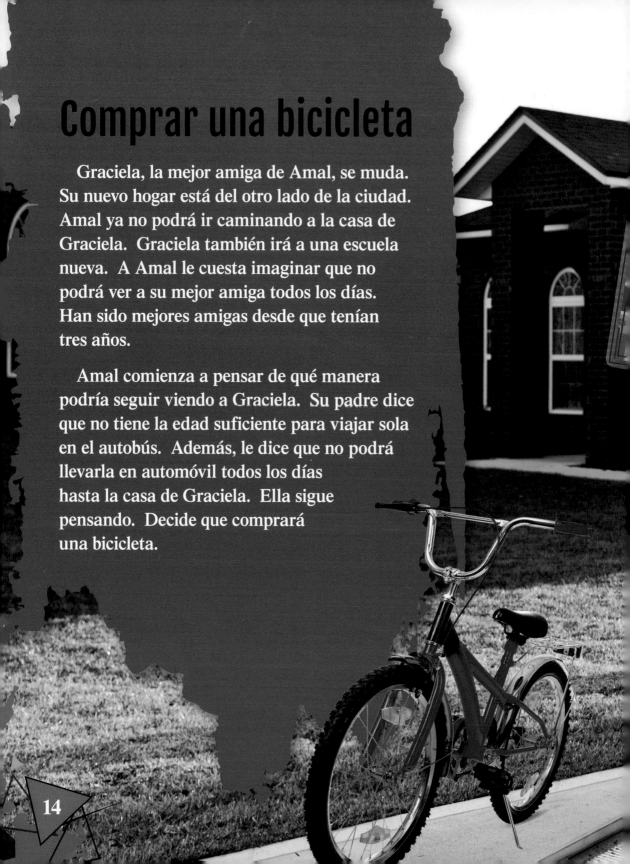

Comprar una bicicleta

Graciela, la mejor amiga de Amal, se muda. Su nuevo hogar está del otro lado de la ciudad. Amal ya no podrá ir caminando a la casa de Graciela. Graciela también irá a una escuela nueva. A Amal le cuesta imaginar que no podrá ver a su mejor amiga todos los días. Han sido mejores amigas desde que tenían tres años.

Amal comienza a pensar de qué manera podría seguir viendo a Graciela. Su padre dice que no tiene la edad suficiente para viajar sola en el autobús. Además, le dice que no podrá llevarla en automóvil todos los días hasta la casa de Graciela. Ella sigue pensando. Decide que comprará una bicicleta.

La casa de Graciela

La casa de Amal

15

El papá de Amal cree que comprar una bicicleta es una gran idea. Pero le dice que tendrá que pagarla ella misma. Deberá ganar dinero. Puede hacer más quehaceres. Él cree que será una gran **oportunidad** para ella. Aprenderá a ganar y ahorrar dinero. Y comprenderá el valor del dinero.

Amal y su papá idean un plan.

Quehaceres de Amal

Quehacer	Pago	Tiempo necesario
cortar el césped		
aspirar		
quitar el polvo		
sacar la basura		
cocinar la cena		
trapear el piso		
lavar el auto		

Cuadro de quehaceres de Amal

Se sientan y hacen un cuadro de quehaceres. Escriben un valor **monetario** junto a cada quehacer. También anotan un tiempo **estimado**. De esta manera, Amal tendrá una idea de cuánto tiempo le llevará ganar el dinero que necesita para comprar la bicicleta.

Amal busca bicicletas en Internet. Lee las reseñas para decidir qué bicicleta será la mejor para ella. Compara precios en diferentes sitios para encontrar la mejor oferta. Finalmente, elige el modelo Nova Sky Cruiser 2000.

Amal y su papá van a la tienda para ver la bicicleta de cerca. Le hacen preguntas al vendedor. Monta la bicicleta en la tienda para asegurarse de que le gusta.

La bicicleta es cara. Cuesta $125. Amal tendrá que trabajar duro y ahorrar dinero por bastante tiempo. Tendrá que hacer sacrificios. Esto significa que no podrá gastar dinero en otras cosas, como boletos para el cine o caramelos. Pero piensa que valdrá la pena porque podrá ver a su mejor amiga. Para ella, tiene un buen valor.

Amal hizo un cuadro con los quehaceres que podría hacer para ganar $125. Diseña un plan que la ayudará a lograr su objetivo. Recuerda que ella puede completar los quehaceres más de una vez.

Quehacer	Pago	Tiempo necesario
cortar el césped	$15	2 horas
aspirar	$3	30 minutos
quitar el polvo	$2	15 minutos
sacar la basura	$3	10 minutos
cocinar la cena	$10	1 hora
trapear el piso	$7	1 hora
lavar el auto	$12	2 horas

1. ¿Cuáles quehaceres podría hacer para ganar $125? ¿Cuántas horas le llevará completar estos quehaceres?

2. ¿Cada cuánto podría hacer estos quehaceres? ¿Cuánto le llevará ganar $125?

Ahorrar para el refugio

A Raúl le gusta ganar su propio dinero. Esto hace que se sienta bien consigo mismo. De niño, paseaba a los perros del vecindario. De más grande, comenzó a cuidar las mascotas de sus vecinos. Hoy tiene 16 años y tiene un trabajo de medio tiempo después de la escuela. Trabaja en el centro de rescate Comodidad Gatuna.

A Raúl le encanta su trabajo. Respeta a su jefa y le gusta jugar con los gatos y cuidarlos. Lo que más le gusta es cuando una familia cariñosa adopta un gato. Lo único que no le gusta es que los gatos están dentro de jaulas pequeñas. Quiere cambiar eso.

20

Raúl investiga un poco. Descubre que hay refugios sin jaulas. En estos tipos de refugios, los gatos no están en jaulas. En cambio, están libres para andar por lugares similares a una casa. Hay grandes habitaciones con camas y juguetes para gatos. Los gatos pueden interactuar y mezclarse entre ellos; pueden jugar y divertirse.

Raúl le cuenta a su jefa del ambiente sin jaulas. A ella le encanta la idea, pero le dice que no tiene el dinero ni el tiempo para hacerlo posible. Raúl ofrece ayuda como voluntario. Dice que también puede **donar** su **salario**. Su jefa está maravillada con la pasión y generosidad de Raúl. Le pide que proponga un plan y un **presupuesto** para que ella lo revise y lo apruebe.

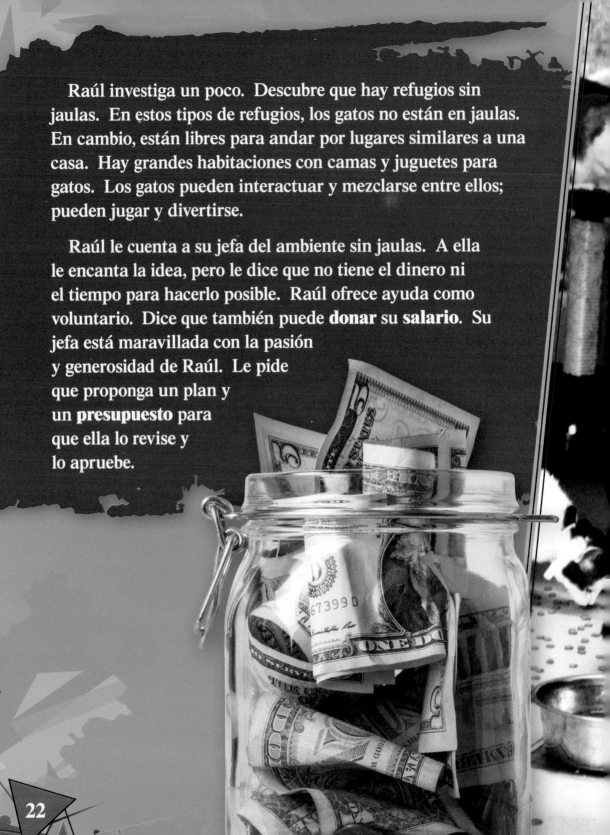

La jefa de Raúl alimenta a los gatos.

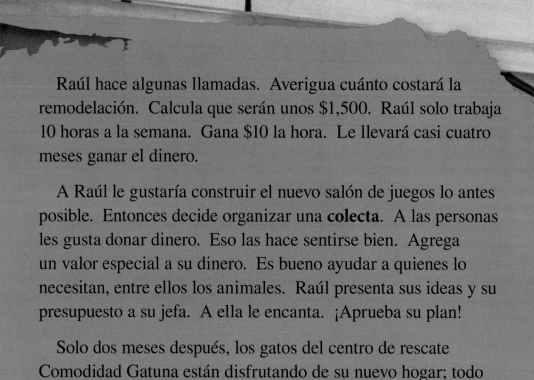

Raúl hace algunas llamadas. Averigua cuánto costará la remodelación. Calcula que serán unos $1,500. Raúl solo trabaja 10 horas a la semana. Gana $10 la hora. Le llevará casi cuatro meses ganar el dinero.

A Raúl le gustaría construir el nuevo salón de juegos lo antes posible. Entonces decide organizar una **colecta**. A las personas les gusta donar dinero. Eso las hace sentirse bien. Agrega un valor especial a su dinero. Es bueno ayudar a quienes lo necesitan, entre ellos los animales. Raúl presenta sus ideas y su presupuesto a su jefa. A ella le encanta. ¡Aprueba su plan!

Solo dos meses después, los gatos del centro de rescate Comodidad Gatuna están disfrutando de su nuevo hogar; todo gracias a Raúl y su inteligente sentido financiero.

Un voluntario juega con los gatos en su nuevo salón de juegos.

EXPLOREMOS LAS MATEMÁTICAS

Piensa en lo que has aprendido del texto sobre las finanzas de Raúl. Usa la información para responder las preguntas a continuación.

1. ¿Cuánto dinero gana Raúl por una semana de trabajo? ¿Cómo lo sabes?

2. Si Raúl dona toda su paga durante 7 semanas, ¿cuánto donará? Demuestra tu razonamiento.

3. Raúl necesita $1,500. Dona 7 semanas de su paga. ¿Cuánto necesita obtener de la colecta? ¿Cómo lo sabes?

Pensarlo bien

La mejor manera de obtener el mejor valor del dinero es entender cómo funciona. Piensa en lo que te cuesta ganarlo. Es importante que te hagas preguntas. ¿Tendrás que trabajar duro, o el trabajo será sencillo? ¿Te llevará mucho tiempo llegar a tu objetivo, o lo lograrás rápido? ¿Alguien más tuvo que trabajar duro para darte ese dinero? ¿Deberías ahorrarlo, gastarlo o donarlo? Hay muchas decisiones importantes que tomar.

La próxima vez que tengas un billete de $10 en la mano, piénsalo bien. Piensa qué significa para ti y cómo lo puedes usar de manera inteligente. ¿Cómo obtendrás el mejor valor de tu dinero?

⚙️ Resolución de problemas

Anita está planificando su verano. Quiere jugar con sus amigos. Pero también quiere trabajar para ganar algo de dinero. Anita quiere dividir su dinero de igual manera en tres cosas. Quiere poner parte de su paga en una caja de ahorros. Quiere donar parte de su dinero a su escuela. ¡Y quiere gastar el resto en actividades divertidas con sus amigos!

Anita busca empleos de verano en su comunidad. Hace una tabla con los empleos que encontró. Muestra cuánto pagan y cuántas horas trabajará. Usa la tabla para ayudarte a resolver los problemas.

1. ¿Cuántas horas trabajará Anita este verano?
   ¿Cómo lo sabes?

2. ¿En qué trabajo Anita ganará más dinero?
   ¿Cómo lo sabes?

3. ¿Cuánto dinero ganará Anita en total?
   Explica tu razonamiento.

4. ¿Cuánto dinero ahorrará, gastará y donará Anita?
   Explica los pasos que diste para responder esta pregunta.

5. ¿Crees que Anita comprende el valor del dinero?
   Explica.

Trabajos	Paga por hora	Horas
pasear al perro	$5	4
cortar el césped	$8	3
lavar los platos	$2	8

Glosario

caras: que cuestan mucho dinero; que tienen precio alto

colecta: un evento organizado para recaudar dinero para la caridad

cueste: tenga una cantidad de dinero como precio

donar: dar algo, como dinero o tiempo, para ayudar a otra persona

estimado: que tiene un valor supuesto basado en la observación e información

finanzas: dinero disponible para una persona, negocio o gobierno

gastos: dinero que se gasta regularmente para pagar cosas

impuestos: la cantidad de dinero que deben pagar las personas al gobierno según su ingreso

mantener: brindar lo necesario para que una persona viva

marcas: tipos de productos o artículos fabricados por compañías específicas

monetario: relativo al dinero

oportunidad: una posibilidad o situación de mejora

permitirme: que tengo lo suficiente para poder pagar algo

práctico: que es razonable de usar o hacer

presupuesto: un plan para utilizar el dinero en un período de tiempo

salario: la cantidad de dinero que recibe un trabajador

valor: la importancia de algo

Índice

Soluciones

Exploremos las matemáticas

página 5:

1. Te alcanza para todo menos para el kit de ingeniería.

2. 5 maneras

3. botella de agua, mono, gomas de mascar ($7 + $2 + $1 = $10); o, rompecabezas, libro de historietas, mono ($3 + $5 + $2 = $10)

página 7:

Ejemplo: Mi familia debería comprar Toallas Simples porque el costo por día es de 25 centavos. Toallas Resistentes es más cara: 50 centavos por día.

página 13:

Ejemplo: No vería la película si me lleva 5 horas hacer las tareas porque la película solo dura 2 horas. Vería la película si solo me llevara 1 hora ganar el dinero.

página 19:

1. Los quehaceres incluidos en la lista variarán, pero el valor total debería ser $125 o más. Las horas dependerán de los quehaceres incluidos.

2. Las horas y el tiempo variarán según los quehaceres elegidos.

página 25:

1. $100; $10 × 10 horas = $100

2. $700; $100 × 7 semanas = $700

3. $800; $1,500 – $700 = $800

Resolución de problemas

1. 15 horas; 4 + 3 + 8 = 15

2. Cortar el césped porque $8 × 3 horas = $24, mientras que $5 × 4 horas = $20 y $2 × 8 horas = $16

3. $60; $20 + $24 + $16 = $60

4. Ahorra $20, gasta $20, y dona $20. Los pasos variarán.

5. Ejemplo: Creo que Anita comprende el valor del dinero porque trabajó duro para ganarlo y planeó con cuidado qué hacer con este.